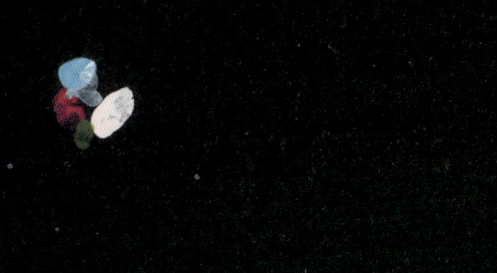

Evasions

Evasions

행복을 찾아서

Eva Piquer
에바 피규어 글

Eva Armisén
에바 알머슨 그림

Evasions© Author: Eva Piquer, Illustrations: Eva Armisén First published by Bridge, 2018

All rights reserved.

Korean Translation Copyright © 2019
By Buonbooks Publishing Co.
This Korean Language Edition is published by arrangement with The Bridge Publishing Co. through The Agency Sosa

이 책의 한국어판 저작권은 에이전시 소사를 통해
Bridge Publishing Co. 와의 독점 계약으로 본북스에 있습니다.
저작권법에 의해 한국 내에서 보호를 받는 저작물이므로
무단전재와 무단복제를 금합니다.

나와 마찬가지로 색과 단어 사이에서 도피를 즐기는 너에게

차례

잠깐만 있기	9
기차 안에서	13
어항	18
거울과 너	21
마치 다 아는 것처럼	25
만약에	29
되찾은 낙원	33
단어를 엮는 일	34
이제는 너무 늦었다	36
수많은 우리	40
캐리어를 끌고 다니는 여자	42
새로운 인생	46
초여름	51
Remember when	53
구원의 손길	57
그렇게 10시가 지나고	58
내면의 미로	63
계획을 지키는 일	65
전부 네 곁에 머물러 있다	68
절대 아무한테도 말하지 않을 것	71

부표를 지나 저 멀리	72
걸어서	74
인생은 오르막길	79
정숙을 지켜주시기 바랍니다	85
이상한 방	87
하늘을 날다	88
휴한기	91
책상이 말을 할 수 있다면	95
파란색 환상	99
최고의 피난처	100
껍데기 안에서 흥얼거리며	103
매일 밤마다	106
탯줄	109
소박한 소망	115
모든 게 다시 시작이다	117
이 일요일	120
유혹	123
삶의 조각들이 딱딱 들어맞을 때	125
네가 있어야 할 곳	127
삶을 사랑했던 곳	128

잠깐만 있기

"엄마, 잠깐만 있기 할래요?"
잠깐만 있기. 동생이 꿈나라로 갈 때까지 둘이 함께 침대에
잠시 누워있는 습관을 너희 오누이는 그렇게 부르곤 했다.
동생은 너처럼 겁쟁이였지만 곁에 엄마가 있으면
도깨비와 유령이 무섭지 않았다.

아이를 바라보며 안아주고 볼에 가볍게 입을 맞추는 사이에
서서히 아이의 눈이 감긴다. 속눈썹이 참 예쁘기도 해라.
네가 곁에 꼭 붙어있는 이상 아이에게 나쁜 일은 일어나지 않을 것이다.
이 이불 안에 있는 동안에는 네 삶도 고통스럽지 않을 것이다.

너와 아이는 외롭지 않다.
마요르카의 개구리와 메노르카의 도마뱀과 런던의 펭귄과
도노스티아의 암소와 동방박사들이 데려온 강아지가 벗이 되어주니까.

천으로 재봉한 친구들은 계속 여기에 남아

아이의 잠자리를 돌볼 것이다.

네가 내키지 않는 걸음을 살금살금 옮겨서 환한 조명 아래

잠 못 이루게 하는 상처와 진짜 괴물이 있는 어른의 세계로 돌아간 뒤에도.

언젠가는 너와 아이가 아침에 눈을 뜰 때까지 오래도록

잠깐만 있기를 하는 밤도 있을 것이다.

기차 안에서

오른편으로 언뜻언뜻 보이는 푸른 하늘.
짐칸 위에 올려놓은 여벌옷이 담긴 여행 가방.
팔꿈치에 살짝 몸이 닿는 낯선 사람. 멀어지는 플랫폼. 열려 있는 괄호.

평생 다시 못 볼 풍경들이 창밖으로 번개처럼 스쳐지나간다.
집이 보이다가 사라지고, 농장이 보이다가 사라지고,
다른 형태의 삶이 보이다가 사라진다.
이제는 사라진 어떤 집에서 누군가 지나가는 기차를 보았으리라.
그리고 지금은 기차가 사라졌겠지.

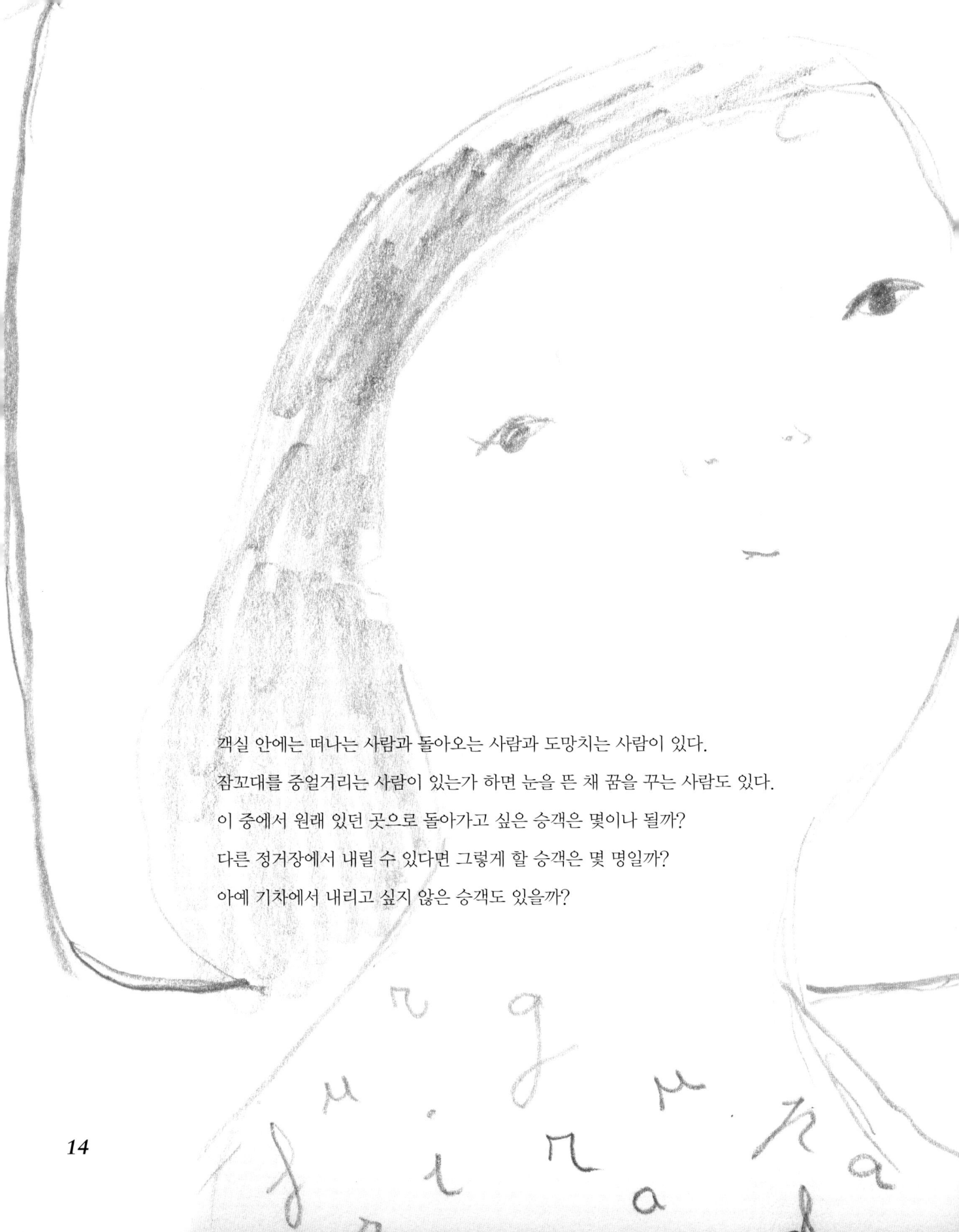

객실 안에는 떠나는 사람과 돌아오는 사람과 도망치는 사람이 있다.

잠꼬대를 중얼거리는 사람이 있는가 하면 눈을 뜬 채 꿈을 꾸는 사람도 있다.

이 중에서 원래 있던 곳으로 돌아가고 싶은 승객은 몇이나 될까?

다른 정거장에서 내릴 수 있다면 그렇게 할 승객은 몇 명일까?

아예 기차에서 내리고 싶지 않은 승객도 있을까?

너는 가방에서 다시 공책을 꺼낸다.

세 개의 아이디어를 정리하고

지저분한 글이 쌓인 휴지통에 네 개의 아이디어를 버린다.

한 토막의 글을 엮고 두 토막을 지운다.

적당한 단어를 찾는 일은 괄호 속의 괄호와 같다.

몇 단락만 더 쓰면 곧 역에 도착한다.

어항

팔을 힘껏 휘두를 때마다 너는 울분을 토해낸다.

좌절된 계획들, 한참이 지나서야 떠오른 기막힌 응수,

네 인생의 (변덕스러운) 시나리오 작가를

한 대 쥐어박을 수밖에 없게 만드는 삶의 새옹지마.

그러나 어느 순간 후회는 사라지고 새로운 아이디어가 샘솟는다.

여럿이 쓰는 레인이 드넓은 바다로 변하고 너는 인어가 된 기분이다.

너는 탈의실에서 뭍의 정신 사나운 일들을 열쇠로 봉인한다.

여기에서는 휴대폰도 울리지 않고 메시지도 확인할 수 없다.

아무 일도 못하게 시도 때도 없이 너를 괴롭히는

"엄마!" 소리도 들리지 않는다. 인간들이 들어있는 이 어항에서

골칫거리는 가라앉고 머리는 맑아지고 검은 구멍은 소독제에 희석된다.

아직은 서툰 수영 기술을 연마하며

한껏 헤엄 실력을 뽐내면서 너는 속으로 다짐한다.

너무 늦지 않게 다시 물속에 몸을 담글 거야.

바로 한 달 치 수강료를 낼 거야.

김이 서리지 않는 물안경을 구하고 일주일에 세 번 수영장에 올 거야.

팔을 한 번 휘두르는 것만으로도 유령을 익사시키는 법을 배울 거야.

결국에는 물에 빠지고 말 훌륭한 계획에 불과할 테지만.

거울과 너

너를 보고 있으면 네가 보인다. 수많은 그녀가 보인다.

어릴 때 스스로를 이방인으로 느끼고 홀로 겉돈다는 것을 알았던 그녀.
제발 쉬는 시간이 끝나길 기도하며 학교 화장실에 처박혔던 그녀.
긴 머리도 짧은 머리도 다 맘에 들지 않았던 그녀.
책과 함께 있으면 하늘을 날 수 있다는 사실을 발견했던 그녀.
'용맹정진' 또는 '절차탁마' 같은 사자성어를 수집하던 그녀.
일회용 콘택트렌즈를 사용하던 그녀. 안경으로 귀를 꼭꼭 숨기는 그녀.
걸핏하면 우는 그녀. 너무 겁에 질려서 울지도 못하는 그녀.
남들에게 뒤처질까봐 불안해하는 그녀. 가끔은 자신의 모습이 마음에 드는 그녀.
섣부르게 마음을 주었다가 나중에 후회하는 그녀. 혼자서도 척척 잘해내는 그녀.

기억의 상자에 비밀을 간직하는 그녀. 시치미를 뗄 줄 모르는 그녀.
일상적으로 만연한 사회적 편견에 괴로워하는 그녀.
남모르게 무덤까지 가져갈 어떤 일들 때문에 조금 후회하는 그녀.
거짓말이라고는 할 줄도 모르고 하기도 싫은 그녀. 이제는 더 이상 길어질 코도 없다.
전화를 거는 것보다 514개의 메시지를 보내는 게 더 편한 그녀.
누런 이가 보일까봐 입을 닫은 채 웃는 그녀. 상투적이지 않은 농담을 들을 때만
누렇게 변색된 치아가 있다는 것도 잊어버리고 활짝 웃는 그녀.
숫기 없는 것처럼 보이지만 소규모 모임에서는 온갖 수다를 떠는 그녀.
적절한 단어를 찾을 수만 있다면 돈을 갖다 바칠 수도 있는 그녀.
생각하려고 글을 쓰는 그녀.
"다른 사람이 뭐라고 하건 나랑 무슨 상관이야"라고 말하고 싶은 그녀.
마침내 사람들의 진정한 가치를 알아볼 수 있게 된 그녀.

거울을 보면서 자신을 알아보는 그녀.

마치 다 아는 것처럼

음악을 틀면 잿빛 아침이 푸른빛으로 바뀔 수 있다.

여러 번 시험해본 결과 효과가 직방이다.

귀에 한쪽씩 이어폰을 끼고 있으면 월요일이 꼭 금요일 같다.

빨간 플랫슈즈를 신고 하얀 베레모를 쓴 채 도시를 활보하는 기분이다.

가수들은 은퇴하고 그룹들은 해체한다.

하지만 휴대폰은 언제나 너만을 위한 특별 콘서트를 선물한다.

덕분에 1주일 내내 들어도 남을 노래들을 주머니에 넣고 다닐 수 있다.

너는 랜덤 재생 모드를 설정해놓고 예상치 못한 즐거움을 기다린다.

이 기능은 마법 같은 구석이 있다. 수학처럼 정확하게 그때그때

네가 무의식적으로 듣고 싶어 하는 노래를 콕 짚어 맞추니까 말이다.

움직이는 콘서트들은 만병통치약과 다름없다.

하지만 너는 걸핏하면 잊어버린다.

그것들이 얼마나 많이 너의 병을 치유해주었는지.

세랏과 미시마와 야흐와 사비나 약이 간절히 필요한 날들에

지옥의 입구를 꼭꼭 닫아놓고 플레이 버튼을 누를 기운조차 없는 것이다.

너는 마치 다 아는 것처럼 다시 노래를 흥얼거릴 아침을
소망하고 염원하고 기원한다.
그 날은 4월의 공기가 느껴지는 화요일이나 수요일, 토요일 아침일 것이다.
너는 밖으로 나가 목청을 가다듬고 아스팔트 위로 날아갈 것이다.

주문을 외워보자. "오늘은 정말 멋진 날이 될 거야."

만약에

만약에 "네"라고 하는 대신에 "아니요"라고 했더라면.
굳이 한 마디 더 하는 대신에 입을 다물고 있었더라면.
진가가 드러나지 않은 그 보물을 포기하지 않았더라면.
다른 분야를 전공했더라면, 다른 직업을 구했더라면,
2대로와 3대로 사이의 60번 거리에 있는 아파트에서
좀 더 오래 살았더라면.

매번 이런 식이다. 시간을 되돌려도 절대 할 리 없는
온갖 과거형 가정으로 이루어진 사전에서 너는 헤어 나오지 못한다.
너는 머릿속으로 과거의 어느 순간에 배제했거나
아예 생각도 못했던 일을 했다면 어떻게 되었을까 하는 영화를 상영한다.
그리고 다른 삶을 살고 있는 네 모습을 본다. 얼굴이 좋아 보인다.
피로에 찌든 눈도 없고 손가락질 받는 일도 없고
어질러진 방도 없는 코미디.

이렇게 과거를 거슬러 가상의 차원으로 도피하는 것은
고문과 비슷한 점이 있지만 어쩔 도리가 없다.
너는 상처투성이의 빛바랜 현실과 실제로 있을 리 없는
(따라서 흠잡을 데 없는) 세계를 비교하는 것이 터무니없음을 안다.
사후에 과거의 선택이 잘못된 것이라고 결론짓는 건 너무 쉬운 일이라는 것을 안다.
'만약에'라는 가정은 아예 뿌리를 뽑아야 한다는 것을 안다.

다행히 무슨 일이 있더라도 절대로 다르게 하지 않았을 결정이 있다.
유별난 너의 인생역정은 물론 우주의 기원과도 화해하게 만드는 결정.
네 귀에 대고 진실을 털어놓는 자신만만한 목소리를 뒷받침하는 결정.
평행 세계에 있는 너의 삶이 지금의 삶보다 딱히 나은 것도 아니요
너를 위한 삶도 아니라고 힘주어 말하는 목소리.

되찾은 낙원

절교 선언은 없다. 혼자 괴짜가 된 기분도 없다. 똑같은 스티커로 붙인
의문과 불안의 목록도 없다. 배가 아프고 머리가 지끈거리던 목요일도 없다.
수영장에 가야 했는데 너는 물을 본 적도 없었다. 안짱다리와 찢어진 눈도 없다.
나이가 많은 아이들은 "너 중국 사람이니?" 하고 손가락으로 눈꺼풀을
잡아당기며 네게 묻곤 했다. 튀지 않기 위해 일부러 정답을 틀리는 일도
선생님이 그걸 눈치 채고 있다는 것을 알고 당황하는 일도 없다.

여러 번 반복해서 그려야 했던 곰의 얼굴도 없다. 너는 손가락에 땀이
차서 완전히 그림을 망쳤고 결국 형체를 알아볼 수 없는 작은 곰들이
도화지를 가득 채웠다. 카라콜레스 학급 앨범에 고이 남은 빌어먹을
다한증의 흔적. 전학 왔을 때 나침반을 잃어버린 것만 같았던 느낌도 없고
새로운 친구를 사귀어야 한다는 난공불락의 과제도 없다.

세월이 지나면서 너는 수영하는 법을 배웠다. 일을 제대로 하면 부끄럽지
않다는 것을 깨달았다. 체형교정기로도 다리를 일자로 펴지 못했지만
너는 치마를 입고 다닌다. 너는 아이의 찢어진 눈이 네가 보기에는 참
예쁘다고 말한다. 친구를 사귀는 일은 아직도 어렵기만 하고
인간관계에서의 불안이 여전히 너를 따라다닌다.
하지만 가끔씩 너는 마음에 맞는 사람을 만나고 마법 같은 화음이 울린다.

향수에 젖을 때면 너는 태양계 최고의 학교와 배움에 대한 무한한 갈증과
장래 희망에 대한 환상과 네 앞에 부채처럼 펼쳐져 있던 무수한 삶의
가능성들을 떠올린다. 인스타그램 필터로 과거를 돌아보며 그런 행복한 세상은
존재하지 않는다는 것을 꿋꿋이 모른 척 한다.
유년기의 천국은 거짓이라는 것을 애써 외면한다.

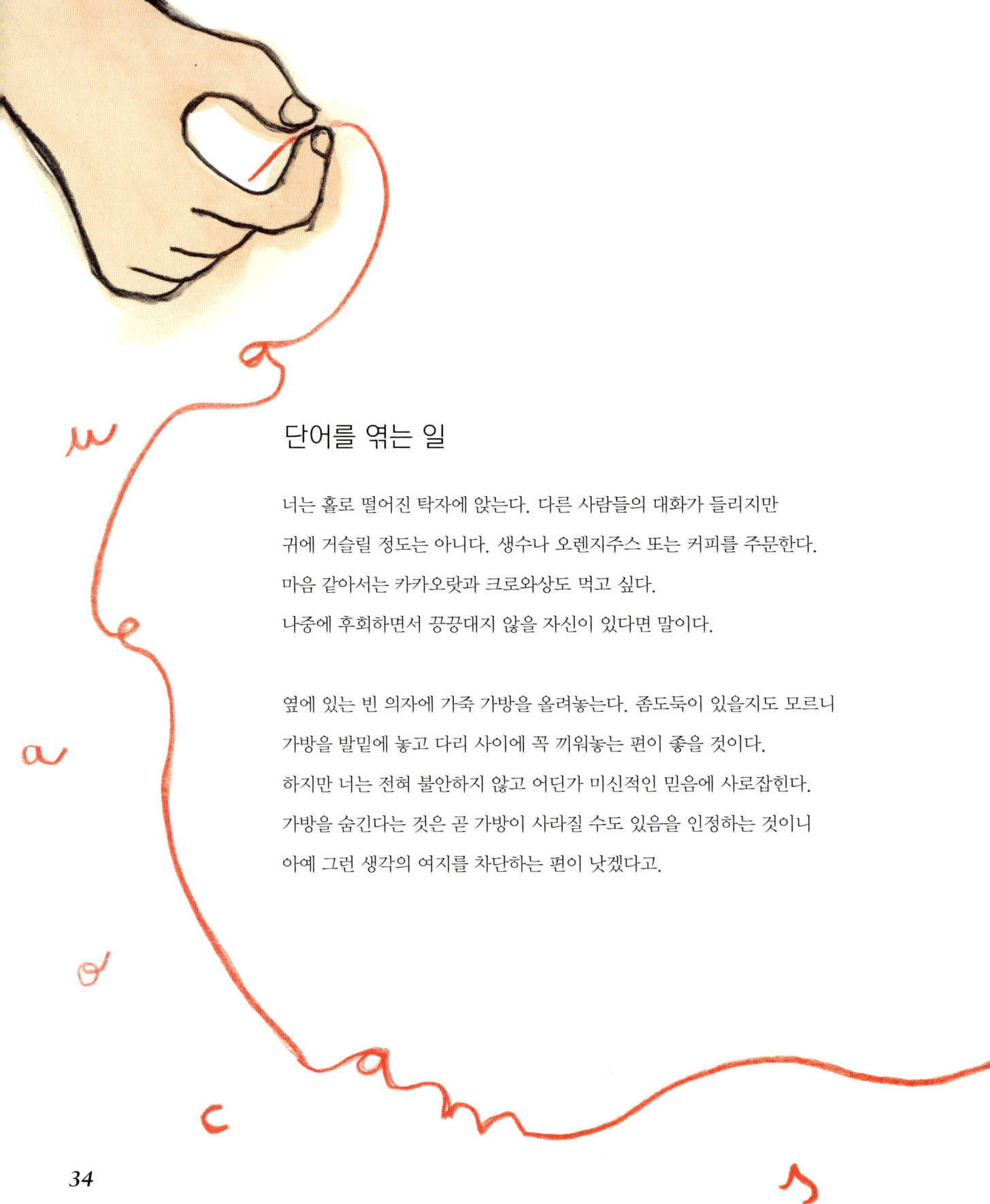

단어를 엮는 일

너는 홀로 떨어진 탁자에 앉는다. 다른 사람들의 대화가 들리지만
귀에 거슬릴 정도는 아니다. 생수나 오렌지주스 또는 커피를 주문한다.
마음 같아서는 카카오랏과 크로와상도 먹고 싶다.
나중에 후회하면서 끙끙대지 않을 자신이 있다면 말이다.

옆에 있는 빈 의자에 가죽 가방을 올려놓는다. 좀도둑이 있을지도 모르니
가방을 발밑에 놓고 다리 사이에 꼭 끼워놓는 편이 좋을 것이다.
하지만 너는 전혀 불안하지 않고 어딘가 미신적인 믿음에 사로잡힌다.
가방을 숨긴다는 것은 곧 가방이 사라질 수도 있음을 인정하는 것이니
아예 그런 생각의 여지를 차단하는 편이 낫겠다고.

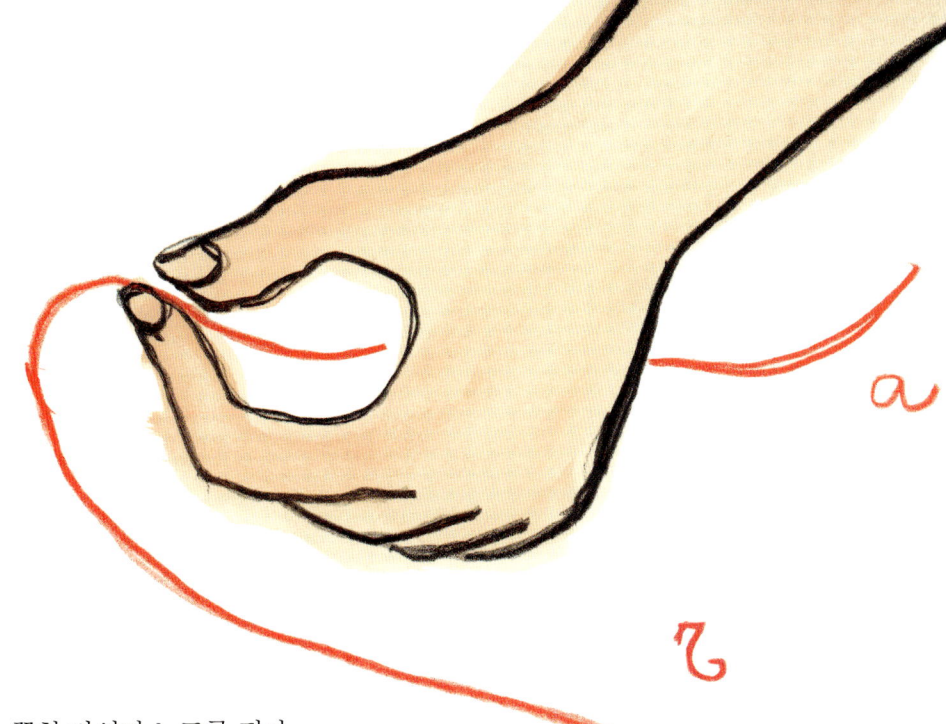

줄과 칸이 없는 하얀 속지가 꽂힌 바인더 노트를 편다.
마감에 쫓겨 완성했지만 앞으로 더 발전시킬 수도 있는 글로 가득하다.
너는 짧은 글귀를 끼적인다.
어쩌면 바로 지워버릴 테지만 이를 발판으로 삼아 나아갈 수도 있으리라.
결국에는 너랑 맞지 않았던 그 첫 번째 연애처럼.
"좋아, 진짜 고마워. 그런데 나도 너를 좋아하지만 그 이상은 아닌 것 같아."

여러 번의 시행착오를 통해 너는 네게 어떤 사람이 필요한지 깨달았다.
단어를 엮는 불가능해 보이는 작업도 그런 식으로 하는 법이다.

이제는 너무 늦었다

너는 달력을 구석구석 훑어본다.
세상의 어떤 남자를 원했을 때보다 더 간절히 원하는 그것.
그것을 손에 넣게 되면 같이 하고 싶은 모든 일에 대해 생각한다.
그것을 가질 수만 있다면, 그것을 매순간 음미할 수만 있다면,
무슨 짓인들 못 하랴.

그러나 허탕이다. 우연으로라도 그것을 발견하게 되는 일은 없다.
화요일에는 가망이 있어 보인다. 하루가 다 가기 전에 그것은 내 것이 되리라.
그러면 한 방울도 남김없이 그것을 쥐어짤 것이다.
책을 읽고 정리하고 매니큐어를 칠하고 무엇보다 잠을 자는 데 그것을 이용할 것이다.

하지만 결국에는 그렇게 하지 못한다. 너는 시계를 확인한다.
대체 그것이 어디에 있는지 도무지 알 길이 없다.
그렇게나 간절히 원하는 나만을 위한 시간은 도마뱀처럼 감쪽같이 사라졌다.
아무런 흔적도 없이. 독서를 하거나 책을 정리하기에 이제는 너무 늦었다.
까딱하다가는 아직 잠옷도 못 입은 상태로 알람이 울릴 것이다.

수많은 우리

너는 너무 너의 것이라 누군가와 너를 공유할 수도 있다는 생각조차
하지 못했다. 그러나 무조건적인 소유인 딸아이를 갖게 되면서 네 안에
일인칭 복수를 보듬게 되었다.
너는 한 사람의 아이와 하나의 대명사를 사랑하게 되었다.

아마 어느 화요일이었을 것이다. 너는 괜찮은 사람들 중에 있는 또 다른 너
– 아무렇게나 선택한 너는 무의미하고, 잘못 선택한 너는 해로울 뿐이다 – 와
합치면 스스로가 더 좋은 사람이 되고, 그 순간 바로 새로운 동질감의 공간이
탄생한다는 것을 발견했다. 그래서 이따금씩 너는 껍질을 깨고 밖으로 나간다.
침묵마저도 스쳐 지나가는 그 화음을 찾기 위해.

자, 보아라. 너와 너의 사람들이 이곳에 있다. 자식을 위한 사랑은 아이 셋을 낳은
어머니로서 확언하건대 맹목적인 사랑이다. 부부끼리의 사랑은 행운이요 발효된
포도주요 점차 커가는 애정이다. 친구끼리의 사랑은 예기치 못한 선물이고 아무리
먹어도 배탈이 나지 않는 케이크고 밤샘 파티에 와서 끝까지 가지 않는 손님이다.

자, 보아라. 오늘 네 곁에 얼마나 많은 사람이 있는지.
네가 그렇게 수많은 우리의 씨앗을 뿌리리라고 그 누가 상상이나 했겠는가.

캐리어를 끌고 다니는 여자

너는 캐리어를 갖고 있다. 으레 챙기는 파란색 커다란 화물용 캐리어.

매주 월요일과 화요일과 목요일에 캐리어를 끌고 다니는 네 모습을 본 이들은

네가 비행기로 출퇴근하는 회사 중역이나

아무튼 여행을 자주 다니는 사람이라고 생각할 것이다.

"어디 가는 거예요, 아니면 갔다가 오는 거예요?"

엊그제 쌍둥이를 키우는 이웃 여자가 네게 물었다.

너는 계속해서 왔다 갔다 한다고 대답한다. 작업실에서 집으로, 집에서 작업실로.
캐리어 덕분에 초등학교 고학년 때부터 달고 살던 척추측만증이 도지는 일 없이
한 곳에서 다른 곳으로 책을(픽션은 집으로, 논픽션은 작업실로) 옮길 수 있다.
지도도 따로 필요 없고 목적지를 확인하고 길을 찾을 필요도 없다.

너는 바퀴가 달린 이 신체의 연장에 늦은 시간까지 문을 여는
유기농 청과물 가게에서 구입한 사과와 토마토와 가지도 넣고 다닌다.
너라는 사람을 정의하는 모순도 넣는다.
길을 가는 도중에 잃어버렸으면 싶은 콤플렉스도 들었다.
기분이 언짢은 날이면 기내용 캐리어의 무게 제한을 초과할 불안도 있다.
약한 불로 서서히 익혔기 때문에 언젠가 정말 비행기를 탈 때
가방 검사를 하느라 캐리어에 엑스레이를 쏘더라도 절대 변질되지 않을
두서너 개의 단단한 확신도 챙긴다.

새로운 인생

비행기는 다행히도 추락하지 않았고 너는 낯선 세상에 도착한다.
택시가 노란색이거나 운하를 길로 이용하거나
2월에 반팔 차림으로 돌아다니는 곳.
사람들이 사용하는 언어를 너는 마치 모국어처럼 알아듣거나
거의 알아듣지 못하거나 아예 알아듣지 못한다.
그렇지만 그곳에는 거리와 사람과 집과 햇살이 있다.

너는 돌아가는 비행기 표를 찢어버릴 수도 있다.

눈에 띄지 않게 낯선 사람들 틈에 섞일 수도 있다.

그동안의 삶을 내던져 버리고 또 다른 인생을 시작할 수도 있다.

빚도 없고 조만간 한번 보자고 하는 친구도 없고

끝내지 못한 대화도 없는 삶.

하지만 너는 그런 유혹에 넘어가지 않는다.

네게는 자식이 있고 얽혀 있는 인간관계가 있고 책임져야 할 일들이 있다.

이루어질 가망이 없기에 오히려 제멋대로 뻗어나가는 혼자만의 생각,

모든 걸 버리고 훌쩍 떠나는 상상, 미지의 목적지로 향하는 편도 항공권.

그것이 바로 자유일지도 모른다.

초여름

너는 지하철을 타고 시내까지 갔다가 걸어서 길을 되짚어 간다.
스타킹을 안 신고 그냥 치마 차림으로 거리에서 춤을 춰도 될 법한 토요일.
스포티파이는 밝은 노래를 추천하고 너는 확인을 누른다.

이 햇살과 이 하늘은 모든 게 잘 될 거라고 소리 내어 말하는 것만 같다.
너는 "now I'm walking on sunshine"을 흥얼거리며 파세오 데 그라시아를 따라 걷는다.
어떤 쇼윈도에 걸린 꽃무늬 치마가 윙크를 건네지만 너는 애써 무시한다.
지난번에 사두고 아직 한 번도 입지 않은 옷이 있기 때문이다.
쌀쌀한 여름과는 어울리지 않는 흰색 치마.

너는 스타벅스에서 나눠준 작은 사이즈의 초콜릿 카푸치노를 마신다.
마치 새로 태어나는 기분이지만 어째 잘못된 징조인 것만 같다.
너는 돋보기안경을 쓰고 멀리 떨어진 표지판의 글씨를 읽어본다.
트라베세라 데 그라시아스, 토렌트 데 올라, 혁명 광장.
주변도 한 번 둘러본다. 헴마는 시간을 잡았다고 기뻐하는 메시지를 보내고,
앙헬라는 왓츠앱에서 네 계정에 좋아요를 누른다.
너는 너처럼 독한 감기를 앓고 있는 엄마에게 전화를 건다.

너는 샐러리, 사과, 오이, 생강을 갈아 만든 주스를 맛있게 마신다.
프로비덴시아 거리에 접어든 다음에 모니카네 집 발코니에 있는 데이지를
눈으로 뜯는다. 네게 좋지 않은 일이 생기지는 않을 거라 믿고 싶다.
이토록 햇살은 노랗고 하늘은 푸르고 주스는 신선하지 않은가.
귓가에 들리는 "It's beautiful day and I can not stop myself from smiling".

Remember when

조금이라도 예쁘게 보이고 싶으면 안경을 쓰지 않은 채 가는 게 좋겠지만
너는 잘 때도 돋보기안경을 벗지 않을 것이다. 확대를 해야 할 때
팔이 닿지 않아서 결국에는 돋보기안경을 사고야 말지 않았던가.

혼자 가는 게 걱정이다. 어색한 분위기를 깨려면 어떻게 해야 할까.
누가 누구인지 알아보고 인사할 수 있을까.
"너 많이 변했구나"라는 말을 듣고 내가 너무 늙었다는 걸 깨닫지는 않을까.
그나마 서서 저녁 식사를 하는 자리이고
포도주 잔을 들고 있으면 한 손은 비어있지 않을 테니 다행이다.

값비싼 안경알 덕분에 너는 과거에 다시 초점을 맞춘다.
이제 너는 M이 너그러운 마음을 갖고 있음을 알아본다.
P의 예의 그 침묵 때문에 그때처럼 흥미로운 사람으로 보이지만
이제 너는 그가 그토록 말을 아끼는 까닭이 딱히 할 말이 없기 때문인 것이라 생각
한다.
J가 네게 다가올 때는 그를 자세히 보기 위해 고개를 들 필요도 없다.
피곤한 눈인데도 그의 얼굴이 선명히 눈에 들어온다.
그에게 안기는 순간 너는 집에 있는 것과 같은 편안함을 느낀다.

다른 사람이 아닌 바로 이 사람들이 너의 사람들이다.
네가 아직 어리고 확신에 차 있을 때 너를 알았던 사람들.
"나는 절대 그런 식으로 살지 않을 거야" 하고 아직 말하던 때,
넘어져서 무릎이 까지기는 했어도 심한 상처가 생긴 일은 없었을 때,
근시 안경만 써도 괜찮았을 때, 너를 만났던 사람들.

추억은 좁고 미래는 넓었을 때.

구원의 손길

너는 튜브 없이도 자유롭게 헤엄을 친다.
그러나 지금으로부터 열다섯 번의 겨울과 한 번의 봄을 거슬러 돌아간 그날
11월 28일 화요일에 너의 팔과 다리와 손가락과 심장은 뻣뻣이 굳은 상태였다.
너는 운이 좋았다. 순진한 너의 일부분은 밑바닥으로 가라앉았지만
완전히 온몸이 물에 빠지지는 않았으니까.

그는 어쩌면 자기가 물에 빠진 사람을 구했다는 걸 모를 것이다.
아니면 그 일을 기억하지 못하고 있는 걸 수도 있다.
아마도 그는 지워져도 별 상관없는 정보들과 함께
너의 비명 소리와 너의 얼굴을 뇌의 외장 하드에 기록했을 것이다.
너는 하드 디스크와 녹색 표지의 공책에
나중에 다시 복사해 적어 넣은 그의 충고를 백업해뒀다.

아마도 그는 그때의 일을 모르거나 기억하지 못하는 모양이다.
오늘 이렇게 함께 만나 저녁으로 유기농 마카로니와 병아리콩 훔무스,
제철 파스닙 요리를 먹는 와중에 네가 누구임을 밝히며 그때 참 고마웠다고,
"조금만 기다려. 이쪽으로 손을 뻗으렴. 물에서 꺼내줄게."
라고 하던 목소리가 아직도 생생히 들리는 것만 같다고 말한다면
그는 적잖이 당황할 것이다.

어쩌면 그는 그 일을 기억하지 못할지도 모른다.
하지만 너는 그가 너의 생명을 구해주었음을 평생 잊지 않을 것이다.

그렇게 10시가 지나고

오늘은 수신함의 모든 메일을 읽음으로 표시하는 날이 아닐 것이다.

오늘은 희곡 수업 숙제를 하는 날도 아닐 것이다.

(잠시라도 짬이 생겼다 싶으면 너는 딴 짓을 한다.)

그리고 오늘은 걷잡을 수 없는 불처럼 늘어난

아직 안 끝낸 과제의 목록을 줄였다고 우쭐해하며

잠자리에 드는 날도 아닐 것이다.

오늘은 급한 불을 끄는 날이 아닐 것이다.
항상 남에게 빚지고 사는 것만 같은 기분이 들게 만드는
가상의 우체통이 피보다 더 빠르게 재생되고 있으니까.
열네 번 환생한다 하더라도 급한 일을 다 처리하지 못하리라는 것을 깨닫고
네가 이례적인 결정을 내렸으니까.

월요일부터 금요일까지 아침이면 매번 그랬던 것처럼

물을 틀기가 무섭게 샤워를 마치는 대신에

너는 성급한 마음을 수건 옆에 걸어놓고

네가 좋아하는 싱어송라이터의 노래를 최대한 크게 튼 다음에

"이러다 늦겠어, 시간은 황금이야."라고 말하는 내면의 목소리를 무시했다.

그렇게 10시가 지나고 11시가 지나고 어느덧 12시, 1시, 2시, 3시가 지났다.

오늘 5월의 이 화요일은 네가 보낸 스트레스로

다른 사람을 스트레스 받게 만들고, 샤워기를 틀어놓은 다음에

그 밑에 계속 서 있던 날로 역사에 기록될 것이다.

내면의 미로

너는 안에서 길을 잃을지도 모르지만 멀리 도망갈 수도 없고 도망가고 싶지도 않다.

이렇게 보이지 않는 길들이 어지럽게 얽혀 있는 상황이 바로 지금의 네 모습이다.

태생적으로 내성적인 인간에게는 이 안에 꼼짝없이 갇혀 있는 게 최악의 시나리오는 아니다.

하지만 너는 방을 환기시키고 머리 밖으로 약간 머리를 내밀 필요가 있다.

너한테는 너무나 익숙한 시나리오지만 이토록 심한 불안

-일을 그르치게 만들 수도 있는 수많은 위험과 그로 인해 다른 사람과 자신은 물론

불특정 다수까지 실망시키게 만들 수도 있다는 걱정- 과

선택장애 -대체 뭐를 해야 하지? 대체 무슨 말을 해야 하지?

대체 어느 쪽으로 결정해야 하지?- 와

만약에 이렇게 했으면 어땠을까, 만약에 저렇게 했으면 어땠을까,

수없는 만약으로 이어지는 가정 사이에서 몸을 움직이는 것은 쉽지 않다.

지나간 일은 다 과거의 일일 뿐이다.

그리고 일어나지 않을 수도 있는 일들 때문에 괴로워하는 건

쓸데없는 감정 소모일 것이다. 하지만 네가 너의 걱정들과 휴전을 맺으려면

어떻게 해야 하는지 제발 누군가가 알려주었으면 좋겠다.

노예가 아니라 주인이 될 수 있도록.

할아버지가 사주시던 미로 찾기 책에서처럼 위에서

모든 걸 내려다보고 출구를 찾을 수 있도록.

너는 항상 개를 뼈가 있는 곳까지 또는 토끼를 당근이 있는 곳까지 데려갈 수 있었다.

요렌스 할아버지는 반평생 전에 돌아가셨고 이제는 철자를 조합해 단어를 만들 수도 없다.

너는 미로 위를 날 수 없는 상태로 벌집을 찾아가야 하는 한 마리의 벌이다.

하지만 이제 정답은 거꾸로 써져 있거나 마지막 페이지에 적혀 있지 않다.

정답을 아는 사람도 없다.

계획을 지키는 일

네가 창작 교실 학생들에게 가르치는
시적 허용에 해당하는 표현을 빌리자면
겨울이 영원히 자리를 깔았다.
잠깐 나타났다 사라지는 12월의 햇살처럼
기나긴 낮이 불시에 너를 찾아왔다.

주치의는 네게 휴식을 취하고 좋은 음식을 섭취하고
비타민을 챙겨 먹으라고 처방할 것이다.
하지만 너는 공복 상태에서 맞는 주사가
해결약이 아니라는 것을 직감한다.

문득 떠오르는 생각을 낚아챈다.

너는 마흔일곱 살 생일로 받은 펜과 어울리는 공책을 하나 구입한다.

참 이상한 생일이었다. 촛불도 끄지 않았으니 말이다.

너는 메일을 보내 재차 약속을 확인하고

—누군가 그 약속을 알기를, 그 약속이 글의 형태로 남기를—

다이어리에 검은 구멍을 판다.

아직 시야에 들어오는 계획은 숨겨둔 패와 같다.

세상이 무너져도 지푸라기라도 부여잡을 데가 있는 거니까.

전부 네 곁에 머물러 있다

너의 아지트. 이 하늘, 이 집, 이 마당, 이 해먹.
포도덩굴로 뒤덮인 맞은편 벽에 계절의 변화가 새겨진다.
녹색이 갈색이 될 것이고 잎사귀가 떨어질 것이고
겨울이 올 것이다. 그리고 봄이 되면 무에서 꽃이
피어날 것이고 벌들이 돌아올 것이다.

너는 땅에서 두 뼘 혹은 세 뼘 정도 위에 떠 있다.
지금 네가 공중에 떠 있듯이 세상을 그대로
멈출 수만 있다면 악마에게라도 영혼을 팔 수 있
으리라.
이 흰 구름, 이 목요일, 이 순간.
오늘은 아직 네가 사랑하는 모든 것과

네가 아끼는 모든 것과 네게 필요한 모든 것이
전부 네 곁에 머물러 있다.
영원이란 이런 것이다.

주춧돌 높이에 얼마 지나지 않아 빗자루에 쓸려갈 낙엽이 있다.
일찍 싹튼 것은 일찍 시드는 법이다.
영원히 변하지 않겠다는 말은 거짓이고,
길은 돌고 또 돌고, 모든 것은 흘러가고 또 흘러온다.
시간의 바퀴가 구르고 너는 너도 모르는 새 어른이 되었다.
너는 네가 가고 있다고 생각하지만 사실은 오고 있는 것이다.
지난 4월의 벌들은 6월 초에 죽었다.

삶은 너와 상관없이 계속 흐를 테지만
멈춰 있는 이 아침은 오로지 너의 것이다.

절대 아무한테도 말하지 않을 것

너는 1층에 진동하는 수천 개의 향기 위를 지나 에스컬레이터를 향해 날아간다. 란제리, 목욕 제품, 남성 패션, 여행 용품. 너는 동시에 화장실과 프루스트의 마들렌을 찾는다. 어릴 때 부모님은 너를 책이 있는 곳 옆에 세워놓고 세일할 때 산 칼이 잘 들지 않는다는 둥 잠옷을 한 번 빨았더니 너무 줄어들었다는 둥 항의를 하기 위해 위로 올라갔다. 고객 카드로 결제하면 다음 달 말까지 돈이 빠져나가지 않았기 때문에 두 분은 그곳을 애용했다. 당시에는 빚을 진 채로 산다는 게 엄청나게 혁신적인 일처럼 느껴졌다.

도서관으로 변한 그 가판대에서 너는 산타 클라라와 토레스 데 말로리 시리즈를 정신없이 읽었다. 진보적인 학교에 다니는 여자아이의 독서와 어울리지 않는 비밀스런 탐닉이었다. 부모님이 예의 그 항의를 마치고 돌아오면 너는 기숙사 여학생들의 이야기를 계속 읽기 위해 부모님에게 백화점이나 한 바퀴 더 돌고 오시라고 부추겼다. 네 눈에는 나이가 많이 들어 보이던 어머니가 영 캐주얼 층에서만 옷을 고르는 모습이 우습게 느껴졌다. 너는 그 당시의 어머니보다 더 나이가 든 지 한참이 지났지만 아직도 중년 여성 의류 층에는 가지 않는다.

화장실로 가는 길에 있는 청바지 매장 안쪽에서 세일 중인 바지 하나가 자기를 데려가라고 말을 건다. 너는 직원에게 허락도 받지 않고 옷을 피팅룸으로 가져간다.

너는 여기에서 옷을 샀다고 아무한테도 말하지 않을 것이다. 그리고 고문을 당하는 한이 있더라도 작가인 여자친구와 남들 눈에 띄지 않고 단둘이 대화를 나누고 싶을 때 만나는 곳이 코르티 카페라고 절대 아무한테도 말하지 않을 것이다. 혼자만의 비밀이 없는 사람만 돌을 던지시라.
그리고 맘에 들지 않으면 꼭 환불을 해주시기를.

부표를 지나 저 멀리

오늘 넘겨보고 있는 책의 책날개에 이렇게 쓰여 있다.

"나는 헤엄을 잘 치고, 물에 떠 있는 데 도사고, 절대로 물에 빠지지 않는다."

너는 책을 바구니에 넣고 물을 향해 걸어간다.

나이가 들어서야 배웠지만 너는 수영하는 걸 즐긴다.

그리고 바닥에 발이 닿을 때는 어쩔 수 없이 물에 떠 있다. 물에 빠진 적은 없었냐고?

바다 밑바닥에 발이 닿았다고 생각했던 적도 있지만

이제 너는 진짜 밑바닥이 더 아래에 있다는 것을 안다.

세상에 있는 모든 해수욕장의 가장 큰 수수께끼는 모래사장에

엄청나게 많은 사람이 있는 데 비해 정작 물에 들어가는 사람은

얼마 되지 않는다는 것이다. 하지만 너는 수건 위에 앉아만 있는 사람들의 생각을

바꾸려고 노력하지 않을 것이다. 자기들 맘이니까.

너는 여기에서마저 소수에 속하는 여자다. 네가 있어야 할 곳은 바다 속이다.

수평선에 닿을 때까지 헤엄을 치는 것은 시적인 유혹이다.

너는 산문적으로 부표까지만 가보자고 마음을 먹는다.

그리고 열네 번만 더 팔을 휘둘러 다음 부표까지 가보자고.

해파리가 있나 바닥을 살피며 갈 필요가 없다면 천국이나 다름없을 테다.

30년이나 40년 전에는 아예 그런 위험에 대해서 생각조차 하지 않았던 것으로 기억한다.

영화에 나오는 상어를 빼면 세상 무서울 게 없었다.

너는 바다에 취하고 시간이 멈춘다.

해안에서 점점 멀어질수록 무적의 존재가 되는 것만 같다.

소금과 태양과 하늘이 곁에 있다면 세상은 네게 별다른 상처가 되지 않는다.

다시 뭍에 닿기 전까지 너는 익사 자세로 헤엄치며 마지막 순간을 음미한다.

너는 항상 그 표현이 이상하다고 생각했다.

그때만큼 살아있음을 느끼는 순간이 또 어디 있다고 말이다.

73

걸어서

네가 노우 바리스에 살 때는 아직 지하철 4호선이 개통하기 전이었다.
너는 레케나 아저씨의 밴을 타고 학교에 다녔다.
그렇지만 당시에도 걸어서 집에 가는 아이들을 부러워했다.

열 살 때 너는 이사를 갔다.
아침마다 마라갈 광장까지 걸어가서 45번이나 19번 버스를 탔다.
오후에는 버스를 기다리기가 힘들어서 –참을성이 없어서
버스나 엘리베이터를 기다리는 일이라면 질색이다–
걸어서 집으로 돌아갔다.

열네 살 때 너는 전학을 갔고 공식적으로 스스로를 운송 수단으로 임명했다.
학교는 집에서 30분 거리에 떨어져 있었다. 하루에 네 번씩 확인한 결과다.
당시에는 기력이 남아돌았기 때문에 모든 종류의 대중교통에 저항했다.

너는 위급 상황이 아니면 절대 택시를 타지 않는다.
버스 정류장을 지나치면 바로 버스가 바로 도착하거나
이미 타기에 너무 늦어버린 경우가 부지기수다.
두발 자전거를 잘 탈 줄 몰라서 자전거를 이용하는 일도 없다.
클리오 자가용은 교외에 나갈 일이 있을 때만 모는 정도다.
지하철을 타면 빠르게 이동할 수 있겠지만
지하에는 하늘의 빛이 들어오지 않고 공기도 흐르지 않는다.

거리를 걷는 것은 중독적인 일이다.
발길이 이끄는 대로 걷다 보면 통행료 없이 행운을 만끽한다.
너는 적절한 보폭으로 걸음을 옮기며 ―그렇지만 엄마 말로는
너무 몸을 숙인 자세라고 한다― 생각하고 숨쉬고 아이디어를 얻는다.
너 자신과 두 다리의 힘에 전적으로 모든 걸 의지한 채.

자유란 신발 밑창이 닳을 때까지 세상을 마음껏 돌아다니는 것이다.

소나무가 지붕처럼 드리워져 있다. 땅에 닿을 듯 말 듯한 이름 모를 풀들이
네 발에 얼룩을 새긴다. 너는 샌들 차림이고 발바닥의 반대편에 위치한 발의 부위
—그걸 지칭하는 이름이 따로 있겠지만 뭔지 모르겠다—에 반창고 하나가 덜렁거린다.
너는 아스팔트를 걷는 데 익숙한 사람이지만 이곳은 시멘트 대신에 돌과 가지와
벼랑뿐이다. 그리고 한 번이라도 발을 잘못 디뎠다가는 낭떠러지로 굴러 떨어질
것이라는 느낌을 넘어선 확신이 든다.

보아하니 더 올라가야만 하는 모양이다. 너는 저 위에 도착하기만 하면 내리막과
평평한 길이 보상으로 기다리고 있을 거라 상상한다. 그렇지만 그 끝에 심연이
있다는 사실을 너는 잘 알고 있다.
"저 깊숙한 곳에 죽음이 도사리고 있을 테지만 두려워마오." 하고 코르타사르는
시계태엽을 감는 법에 관한 글에서 말한 바 있다. 너는 속으로 내기를 한다.
큰 보폭으로 열네 걸음 안에 도착한다면 네가 믿지도 않는 하느님이 네게 휴식을
선물할 거라고. 하지만 너는 차마 몇 걸음을 걸었는지 세지 못한다.

디딜 자리를 살피는 것은 아무런 도움이 되지 않고 오히려 발이 걸려 넘어질 수
있다는 것을 계속 의식하게 만들 뿐이다. 사람이 지나간 흔적에 너는 위안을
얻는다. 이전에도 누군가가 이 미로를 빠져나갔다는 증거니까. 도시에 익숙한 너의
폐에는 지나치게 깨끗한 공기와 나뭇잎과 돌이 있는 이 미로에 영영 갇히지 않은 채.
너는 엉뚱한 신발을 신고 와서 엉뚱한 놀이 기구를 타게 될 것이다. 미끄럼틀이라면
좋을 텐데 롤러코스터를 타고 있는 셈이다. 하지만 이곳은 "이따가 출구에서 만나자.
내가 너희 잠바를 갖고 있을게."라고 말할 수 있는 그런 종류의 테마파크가 아니다.
여름에나 신는 신발 차림으로 상처가 벌어진 채 시시각각 밀려오는 두려움을 안고
앞으로 나아갈 수밖에 없다.

silenci

정숙을 지켜주시기 바랍니다

정숙 안내문이 붙어 있지만 이를 지키는 사람은 없다. "제발 휴대폰 전원을 꺼주세요."라는 문구도 무용지물이다. 400장 중에 351번째라고 일련번호가 적힌 수비라치의 석판화 옆에 A4 종이가 붙어 있다. 환자분들께서는 상담실에 들러 동의서를 작성하라는 안내문이다. 마치 환자에게 거절할 수 있는 선택권이라도 있다는 듯이. 녹색 바탕의 사각형 안에 있는 달리는 모습의 흰색 남자는 화살표를 따라가고 싶은 욕구를 자극한다. 마치 비상구를 탈출한 다음에 "다시는 여기 오나 봐라." 하고 말할 수도 있다는 듯이.

만약 임신 중이라면 검사 전에 간호사에게 알려주세요. 어렸을 때 이런 비슷한 주의사항을 읽고 너는 눈살을 찌푸렸다.
"만약 임신 중이거나 그럴 가능성이 있다고 판단되면"
이라는 문구. 너는 라토레 의사의 지시에 따라 방사선 촬영을 하러 들어가면서 임신의 가능성이 있는 건지 없는 건지 스스로에게 물었다. 임신 가능성이라니. 10년의 세월이 네 번 지나고 네 명의 아이를 낳은 뒤에 너는 지금까지 받은 검사의 횟수만큼 몸에 축적되었을 방사선 양이 걱정된다. 오늘은 간병인으로 왔지만 지금 이 순간에도 몸에 독성이 축적되고 있을 것이다. 두 뼘 되는 거리에 '방사선량계'가 담긴 플라스틱 봉투가 있다. 아마 공기의 X선 양을 측정하는 기구일 테다.

두 줄에 아홉 개씩 의자가 놓여 있고, 한 줄에 일곱 개의 의자가 놓여 있다. 바닥에는 가로 세로 마흔 개씩 사람들의 발자국으로 얼룩덜룩해진 타일이 깔려 있다. 확성기가 귀에 거슬리는 소리로 환자의 이름을 부른다. 대기실의 시간은 동시에 정지하고 확장된다.
삶은 스탠드바이 상태이다. 에이컨 바람에 몸의 세포가 움츠러들지만 진정한 추위는 속을 깊이 파고든다.

이상한 방

프런트에서는 네게 지도를 주면서 정문 보안키가 어떻게 작동하는지 알려준다.
당연히 네가 방에 올라가 짐을 내려놓은 다음에 밖으로 나가 구시가지의 좁은 길을
구경하리라 생각하는 것이다. 저녁 6시 30분이지만 아직 바깥은 환하다.

하지만 너는 지금부터 내일 아침까지 네가 방에만 있을 거라는 걸 알고 있다.
비상식량과 급히 처리할 일들을 잔뜩 챙겨왔다. 네게 필요한 건 와이파이 비밀번호 뿐.
이렇게 혼자만의 방을 가질 수 있는 건 흔치 않은 일이다. 모든 게 제자리에 있고
서두를 필요도 방해받을 일도 없이 "엄마 빨리 좀 나와요. 저 좀 쓸게요." 하는
소리도 없이 마음껏 샤워를 즐길 수 있는 욕실이 딸린 이상한 방.

네가 머무는 곳은 호텔로 개조한 14세기 장인의 집이다.
수많은 농가로 둘러싸여 있고 세상으로부터 동떨어진 시골 마을. 엽서처럼 생긴 발코니,
돌을 쌓아 올린 벽, 소나무로 짠 덧문, 하얀 수건, 장난감 비누와 머리에 이가 생기면
쓰고 다니기 좋은 플라스틱 보닛.

세상으로부터 동떨어진 이곳은 수도보다 더 쌀쌀하다. 밤에 너는 이불 속에서 몸을
웅크리지만 장롱에서 망토를 꺼낼 생각은 하지 못한다.
모든 게 -혼자 쓰기에 너무 큰 침대, 때 이르게 찾아온 가을, 침묵의 소리-
낯설지만 잠자리를 지켜주는 공룡이 없어도 마음이 편하다.

역사가 깃든 이 벽들이 너의 방패가 된다.
현실이 너를 찾을 테지만 너를 어디서 찾아야 할지 모를 것이다.

하늘을 날다

엄청난 반동 때문에 공중에서 완전히 한 바퀴를 돌고도 기적적으로 목숨은 건진
이사벨의 동생 후안의 이야기도 너를 말릴 수 없다.
쇠사슬을 잡은 손을 미끄러지게 만드는 끈적끈적한 땀도 너를 말릴 수 없다.
"저 여자가 나잇값도 못하고 애들 놀이터에서 대체 뭐하는 짓이야?"
하고 사람들이 수군거리겠다는 걱정도 너를 말릴 수 없다.

이 세상 무엇도 너를 말릴 수 없다. 그네와 그 주변에 꼬맹이들이 없으면 너는 구름까지
닿고 싶다는 별난 결의에 차서 그네로 다가간다. 너는 그네 위에 앉아 하늘로 떠오르고
각속도, 운동 에너지, 중력 위치 에너지로 설명되는 물리 현상에 힘입어 공중에서 흔들린다.
남들이 뭐라 하건 무슨 상관이람. 세상을 다 가진 것만 같은 기분인데.

하늘로, 땅으로. 하늘로, 땅으로. 세 살배기 딸에게 그네 타는 법을 가르치며
너는 그렇게 반복해서 말해주었다. 이제 너는 더욱 높은 곳에 닿기 위해 주문을 외운다.
하늘로, 또 하늘로. 너의 미래를 불태워 버리려고 안달이 나 있는 지옥으로부터 멀리.
땅으로 내려올 때 너는 일찍 마법을 깨뜨리지 않기 위해 최대한 다리를 접는다.

너는 닫히는 괄호의 숨결이 목덜미에 닿는 것을 느낀다. 땅에 착륙하면 당당하게 일어나
표지판을 흘낏 쳐다보리라. "이곳은 여섯 살에서 열두 살 사이의 남아와 여아 –실제로 '남아와
여아'라고 적혀 있다– 가 이용할 것을 권장하는 어린이 놀이터입니다. 아이들이 기구를
올바르게 사용할 수 있도록 엄마와 아빠 –진짜로 '엄마와 아빠'라고 적혀 있다– 혹은
동행한 성인이 책임져주시기 바랍니다."

하지만 그건 네가 다시 땅에 완전히 다리를 디딜 때의 이야기다.
하늘을 날 수 있는데 땅에 내려오고 싶어 하는 바보가
세상에 어디 있겠는가.

휴한기

처음 입었던 청바지가 생각난다. 과외비로 처음 샀던 청바지도 생각난다.
리바이스 청바지를 선물로 받았던 날과 장소도 생각난다.
네가 평생 입고 다니던 시장에서 산 청바지보다 훨씬 잘 어울리고
역시 메이커 값을 톡톡히 한다고 주변에서 치켜세우는 통에
너는 그 리바이스 청바지가 맘에 든다고 말할 수밖에 없었다.

너는 다락에서 바지가 가득 담긴 상자를 꺼낸다.
네 번의 임신을 하기 전에는 치수가 맞았던 바지.
치수가 맞더라도 절대 입을 일은 없겠지만
살이 빠지거나 취향이 바뀔 때를 대비해 보관하는 바지.
휜 다리가 눈에 띄지 않도록 가랑이가 넓은 바지를 입는 게
다시 유행이 되었으니 꺼내서 입을 수도 있는 나팔바지.

너는 겨울옷을 꺼내 아래에 내려놓고 여름옷을 위에 보관한다.
딱히 내키지는 않지만 —양파처럼 옷을 껴입으면 추운 달에도
얇은 옷을 입을 수 있다— 양털과 두꺼운 면 옷을 위한
공간이 필요하다.

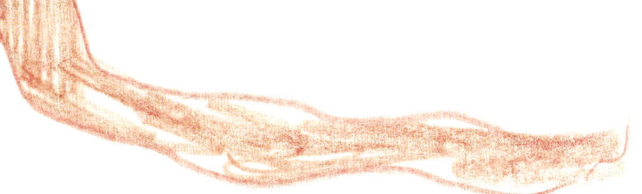

귀찮으면서도 재미있는 연년 행사. 너는 뉴욕에서 산 빨간 치마와

계약을 갱신한다. 겨울은 칙칙한 색뿐이니 원색을 더해줘야 한다.

방한 잠바는 실업자 신세를 면하겠지만 우단 재킷은 이제 은퇴를 해야 한다.

파란색 스웨터를 손에 들고 훑어본다.

어쩌면 녀석은 추가 근무를 해야 할지도 모른다.

복부의 근심과 구멍을 덮기 위해서.

휴한기에 접어든 옷은 아무 것도 보장해주지 않으며

지금의 너는 오늘 이 화요일에만 존재한다는 것을 잘 알고 있다.

그러나 과거와 미래가 뒤섞인 상자들은 네게 위안을 준다.

봄과 꽃과 긴 낮이 돌아올 때 네가 아직 여기에 있으리라고 믿게 해주니까.

책상이 말을 할 수 있다면

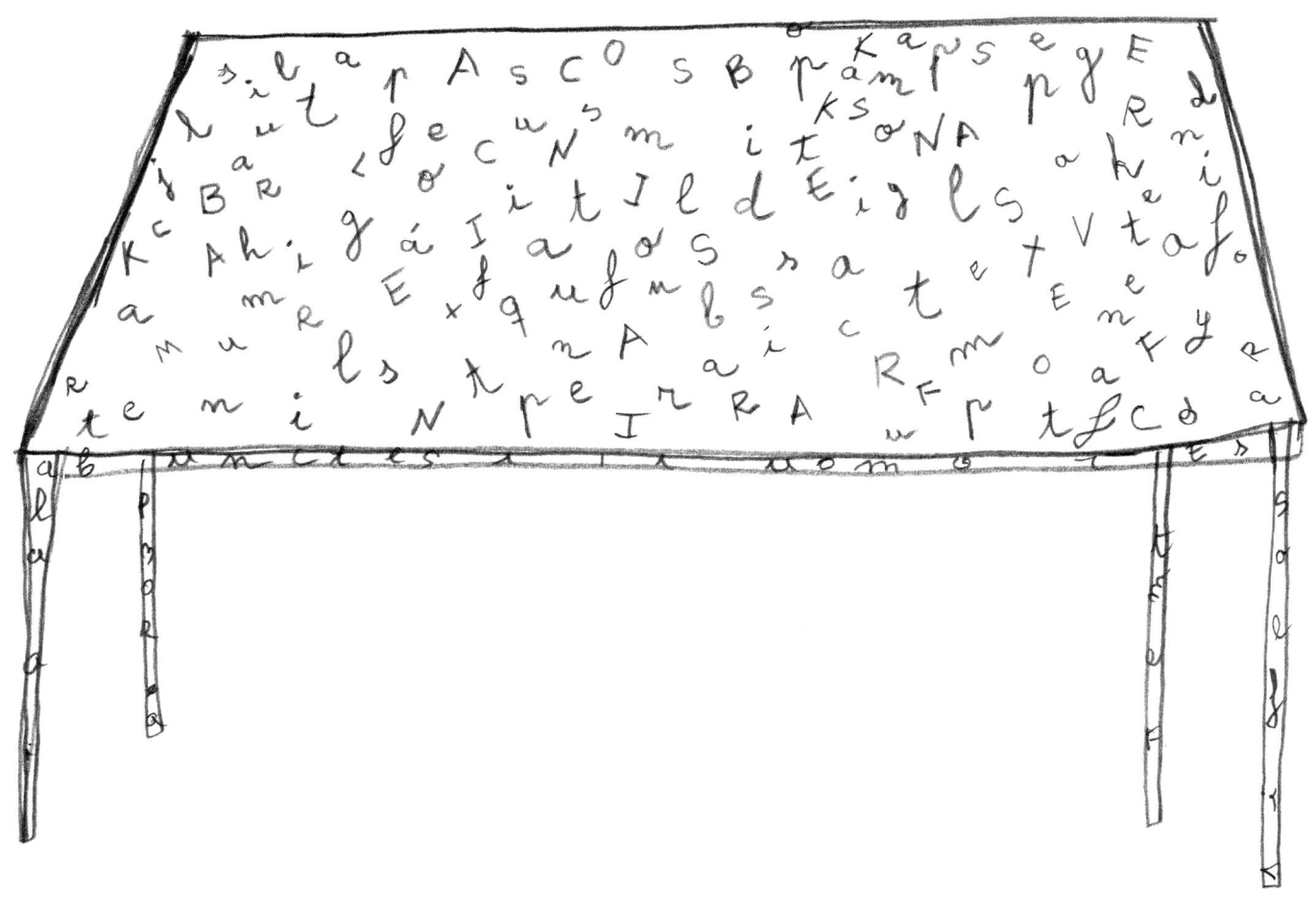

책상은 너의 아지트다. 프로비덴시아 거리의 창문 아래에 있는 침대맡의 책상.
새벽에 글을 쓸 때마다 너와 평생을 함께 할 인생의 동반자는 타닥거리는
키보드 소리에 정당한 불평을 늘어놓는다. 또는 서류함 위에 선인장이 놓여 있고
왼편으로 안마당이 보이는 작업실 안쪽에 있는 책상. 그 자리에는 창문 밖으로
하늘을 보기 위해 커튼을 걷어 놓았다. 또는 갈매기와 맞은편에 사는 이웃들이 보이고
사방이 옥상으로 둘러싸여 있는 곳에 놓인 바다 향기가 나는 접이식 책상.
또는 네가 세센타 거리에 있는 아파트와 영영 작별을 고할 때 루이즈
-루이즈는 아직도 살아있을까?- 에게 선물했던 파란색 책상 다리가 달린 검은 책상.
또는 커피나 물이나 주스를 마시면서 분홍색 노트북을 올려놓을 수 있는
와이파이가 터지는 조용한 카페에 있는 책상.

네 책상 위에는 다 읽을 수도 없으면서 굳이 보이는 곳에 놓아두는
책들이 쌓여만 간다. 펜과 공책과 동전과 손수건과
머리끈과 마감이 코앞인 일도 쌓여만 간다.
한 뼘의 빈 공간이라도 확보하려면 수시로
책상을 청소해야 한다. 그러나 해야 할 일들의
목록처럼 책상 위의 빈 공간은 금세 채워진다.

네가 쓰는 책상은 너 자신보다 더 너를 믿는다.
그것들은 네가 책을 읽고 울고 고민하는 모습을
지켜보았다. 네가 팔꿈치를 괴고 머리를
파묻을 때 그것은 말없이 너를 토닥인다.
책상은 다 알고 있다. 머릿속의 단어들을
정리하는 것만이 너를 구원할 수 있음을.

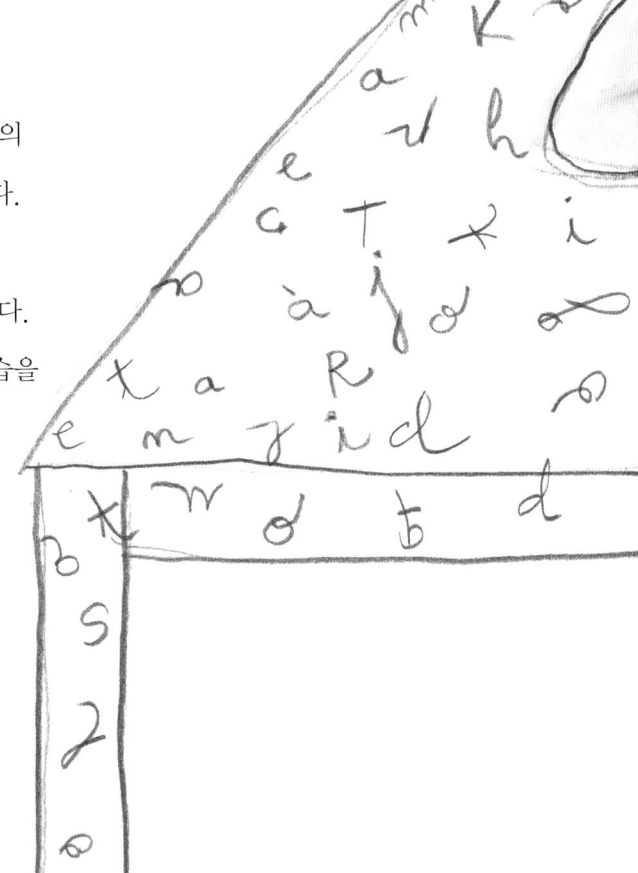

파란색 환상

안에 들어가자마자 "어떤 걸 찾으세요? 무엇을 도와드릴까요?"
하고 물으면 너는 그냥 둘러보는 거라고 대답할 것이다.
유능한 점원의 단골 멘트는 내성적인 손님에게 잘 먹히지 않는다.
하지만 아무런 압박 없이 둘러볼 수 있다면 너는 분명 파란색 옷을
—맨날 파란색이다— 손에 쥐고 피팅룸이 어디에 있는지 물어볼 것이다.

옷을 입은 모습을 거울에 비쳐볼 때 "어떠세요? 잘 맞으세요?" 하고 묻거나
"겉보기보다 더 뚱뚱하시네요." "가슴이 참 작으시네요."
하고 말하는 점원이 있다면 그건 스스로 화를 자초하는 셈이다.
너는 "옷이 마음에 안 드네요."라고 쏘아붙이고
답답해서 숨이 막힌다는 듯이 밖으로 뛰쳐나갈 것이다.

하지만 너를 가만히 놔두고 없는 사람처럼 취급한다면.
허벅지가 치마폭에 잘 가려지는지 여러 각도에서 확인할 수 있다면.
그럼 너는 십중팔구 속으로 이 옷이 마음에 든다고 외치고
가방에 환상을 담은 채 나올 것이다.

삶이 네게 등을 돌릴 때도 있을 것이다.
그러면 너는 스스로에게 (매번 고르는)파란 옷을 선물하는 것만으로도
하루가 빛처럼 환해졌던 그 시절을 사무치도록 그리워할 것이다.

최고의 피난처

절망에 빠진 조지 베일리는 나 같은 건
아예 세상에 태어나지 말았어야 한다고 말한다.
천사 클래런스는 그가 세상에 없었더라면
베드포드 폴스가 어떤 모습이었을지
볼 수 있는 기회를 준다.
조지는 뛰어내리려고 했던 다리로 가서
신에게 다시 생명을 돌려달라고 기도한다.
아내와 자식만 있다면 빚도 그대로 다 떠안겠
다고.
그리고 그 순간 누군가가 그를 알아본다.
그의 입술에서 피가 흘러나온다.
호주머니 안에 있는 주주의 꽃잎.
해피엔딩일 수밖에 없는 결말.

"오랫동안 고민해봤는데 나는 너를 사랑하는 것 같아."
하고 해리가 샐리에게 말한다.
샐리는 "나도 너를 사랑해."라고 답하지 않는다.
그건 너무 쉬운 대답이라고.
미안해, 아무리 연말이라 외롭다지만
이런 식으로 나타나서 사랑한다고 말하는 건
말도 안 돼, 이건 아니야.

이어서 영화 역사상 가장 완벽한 사랑 고백이 이어진다.
바깥 기온이 21도인데도 춥다는 너를,
샌드위치 하나 주문하는 데 한 시간이나 걸리는 너를,
나를 볼 때 미친 놈 보듯이 인상 쓰는 너를 사랑해.
외로워서 또는 연말이라서 이러는 게 아니야.
누군가와 함께 남은 인생을 함께 보낼 거라면
최대한 빠를수록 좋을 거 같아서 여기 온 거야.

문 밖의 세상이 전쟁과도 같을 때
최고의 피난처는 해피엔딩이다.

껍데기 안에서 흥얼거리며

가는 길은 스트레스였다. 교통체증에 걸린 데다 초행길이었고
길을 잃을까봐 조마조마했다. 하지만 돌아오는 길은 선물과도 같다.
밤이 되어 고속도로가 한산하고 집으로 가는 차선은 모두 비어 있다.

파란색 클리오는 자기 안에 갇힌 거북이 단계에 있는 사람에게
딱 맞는 껍데기다. 너는 지치지 않고 몇 백 킬로미터도 달릴 수 있다.
중간에 졸음운전을 하거나 불길한 예감에 사로잡혀
너무 오래 정신을 빠짝 차리고 있어야 하는 위험만 없다면.
그럴 때는 노래의 힘을 빌리는 게 최고다.

나는 장미와 선인장과 다른 많은 것을 노래하지. 이케아 연필과
피스타치오, 오 예! 나는 달과 별과 정글과 마법의 숲과
기차와 배와 비행기와 이곳에 주차된 너의 잠수함을 노
래하지.
이어서 두 곡을 더 부른 뒤에 너는 다시 물
속으로 돌아간다.

Yellow submarine, yellow submarine,
yellow submarine.
힘껏 액셀을 밟으면서 오다가 이제 너는
숨을 깊게 들이 마시고 잠수한다.
We all live in a yellow submarine.
잠망경으로 보이는 세상은 아까처럼 무섭
지 않다. 너는 차를 주차하고 어둠과 근심,
걱정을 향해 문을 열기 전에
잠수복으로 옷을 갈아입을 것이다.

103

매일 밤마다

깨어있는 사이에 밤이 불쑥 너를 찾아온다.
일찍 잠들기에는 이미 너무 늦었고 금방 잠이 올 리도 없다.
너는 레몬향이 섞인 감초차를 끓여 찔끔찔끔 마실 것이다.

매일 밤마다 똑같은 일의 반복이다. 어둠 속에 웅크리고 있는 괴물들이
네게 흉측한 얼굴을 드러낸다. 이제 엄마가 되고 보니 스스로를 속일 수가 없다.
괴물이 있다는 말은 진짜였다. 너는 맘에 담아둔 말들을 속 시원하게 토해낸다.
어차피 아침에 말해보았자 아무도 들을 사람이 없을 테니까.

하지만 시계는 앞으로 나아가고 불안은 뒷걸음질을 친다.
너는 빈 잔을 깨물고 물을 더 끓인다. 수백 년이 지나도 불은 계속 켜놓을 태세다.
생강 계피차 티백에 적힌 문구. "영원불변의 진리".
미래 또한 영원불변하리니 인생이여 만세!
세상의 모든 책을 읽을 시간은 충분할 것이다.

베개가 너를 부르지만 너는 못 들은 척한다. 너는 잘 알고 있다.
침낭 속에 들어가 오지도 않는 잠을 기다리게 되는 순간
너는 더 이상 무적의 존재가 아니라는 사실을.

탯줄

피곤해 죽겠어요, 사는 게 지긋지긋해요.

오늘도 수영하러 안 갔어요.

작은 애 잠옷 단추 좀 수선해줄 수 있으시죠?

후아니타 할머니 외가 쪽 성은 어떻게 쓰는 거였죠?

잊지 말고 산부인과 예약을 잡으라고 말해주세요.

집에서 만든 마카로니가 먹고 싶어요.

요즘 읽는 소설이 있는데 아마 한 번 찾아서 보면 좋아하실 거예요.

흰머리도 잘 어울리실 거예요. 허리는 좀 어떠세요?
의사 말은 믿으면 안 된다니까요.
운전면허를 꼭 따실 필요는 없어요.
그렇지만 독서 클럽에 등록하거나
평생 교육원에서 수업을 들으셔도 괜찮을 거예요.
제 수업에도 나이 드신 분들이 있어요.
지금 '쿠로 엘 팔모'가 흘러나오고 있어요.
'아, 너의 외투가 되어줄 사람은 누구일까.'
뜨개질을 다시 시작하셔도 좋을 거예요. 워낙 손재주가 좋으시잖아요.

특별한 일이 있어서 전화한 건 아니에요.
그냥 속이야기를 털어놓을 사람이 필요했어요.
M이 편지에다가 제가 슬퍼 보인다고 썼더군요.
슬프지만 인정할 수밖에 없는 사실이에요.
거짓말처럼 들리겠지만 예전에 어떻게 살았는지 기억나지가 않아요.
잘 지내시는 거죠, 엄마?
제 눈동자 속에 바닥없는 우물이 보이면 알려주세요.
최대한 견뎌보세요, 아무튼 오래오래 사셔야죠.

소박한 소망

루이스에게 노래를 한 곡 써달라거나, 후안에게 시를 한 편 써달라고,
마리아에게 멋진 단어를 선물해달라고 부탁할 수도 있다.
새로운 공책을 살 수도 있다. 하지만 네가 정말 갖고 싶은 것은,
뜬금없는 선물처럼 갑자기 갖고 싶어진 것은 직접 손으로 짠 스웨터다.
하루하루 형태를 갖추어 가는 세상에 단 하나뿐인 옷.
이번에는 앞쪽, 이번에는 뒤쪽, 이번에는 오른쪽 소매, 이번에는 왼쪽 소매.

너는 너의 서툰 손재주를 믿을 수 없다.
어머니는 뜨개질을 잘 하셨지만 30년 넘게 바늘을 손에 쥐신 일이 없다.
"차라리 다른 걸 부탁하렴, 애야." 참 별나기도 하지.
면 —양털은 따끔거려서 싫다— 으로 짠 스웨터를 갖고 싶다는 소망이라니.
월요일부터 일요일까지 조금씩 커져서 나중에는 네 몸을 완전히 감싸게 될
스웨터.

그것은 실현이 가능한 소박한 소망이다.
장대한 소망은 애초에 네 노력에 달려 있는 게 아니다.
루이스나 후안이나 마리아의 노력에 달려있는 것도 아니다.
우리가 소망하는 바대로 우주가 움직일 거라고? 말도 안 되는 거짓말이다.

너는 이 겨울에서 벗어날 수 없고 몸을 따뜻하게 감쌀 수 있을 뿐이다.
노래와 시와 단어로.

네 몸에 꼭 맞는 푸른색 스웨터를 짜줄 수 있는
손재주 좋은 사람이 어디 없을까.

모든 게 다시 시작이다

하늘이 노을로 물드는 시간이 조금씩 늦춰진다.

밤마다 밤이 짧아진다. 성 조르디의 장미.

수영장을 스무 번 왕복하기, 자유형으로 배영으로, 그리고 몇 번 더.

아직 살아있는 신화들의 새로운 노래를 찾아서 듣기.

지난해 생일 때 사용하지 않았던 초.

양말은 처박아 넣고 코르크 밑창이 달린 샌들을 꺼내기.

할아버지가 사시던 메노르카 섬과 네가 20대를 보냈던 맨해튼으로 돌아가기.

더블 에스프레소를 마신 다음에 샤워하기.

늦어도 4시에는 커피를 한 잔 더 마시기.

개강. 아침, 점심, 저녁. 나이에 어울리지 않는 간식.

네가 쓴 글을 하늘로 띄우고 단어들이 날아다니는 모습을 지켜보는 그림.

시집을 다시 읽기. 꿈을 낮춰 보면 안 된다고 되뇌기. 장롱을 바꾸기.

"있는 그대로의 네 모습을 사랑해."라는 연애할 때의 단골 멘트.

호주머니가 세 개 달린 옷을 입기. 감초. 건포도 베이글.

문을 제대로 잠갔는지 다시 한 번 확인하기.

외국 서점에서 길을 잃고 또 길을 잃고 또 길을 잃기.

몬세 빵가게에서 파는 통밀 막달레나로 냉동고를 가득 채우기.

수요일의 야채 주스. 마감을 앞둔 연작의 표지.

불이 나간 집 천장의 전구를 교체하기. 바다와 재회하기.

새 공책에 글을 쓰기.

그리고 계속 모르는 척 속임수에 넘어가기.

모든 게 다시 시작이다, 매일 매일이 새로운 날이다, 끝은 존재하지 않는다.

우리의 것은 영원불변이다.

이 일요일

몇 달만 지나면 그늘과 서늘한 공기와 시원한 바람이 간절해질 때가 오리라. 으레 당연히 있으리라 여겨지는 그 미래에는 내리쬐는 태양 때문에 네가 손으로 얼굴을 가리게 될지 누가 알겠는가. 3년 전에 너는 밀짚모자까지 사지 않았던가.

하지만 오늘 여름은 그저 희망에 불과하고 7월까지는 아직 어떻게든 시간을 보내야 한다. 너는 양지바른 곳을 찾아서 네 걸음마다 인도를 옮겨 다닌다. 일요일이고 봄인지라 동네 야외 카페에서 빈자리를 찾기는 모래사장에서 바늘을 찾기보다 어렵다.

혁명 광장 안의 비어 있는 벤치가 너를 부른다. 너는 벤치에 앉아 위를 쳐다보고 눈을 감는다. 우주의 빛이 네 볼을 간질이도록 가만히 몸을 맡긴다. 3월의 하늘은 너의 고통을 없애줄 수도, 바람도 모르는 해답을 줄 수도 없을 것이다. 하지만 적어도 하나는 얻은 게 있다. 햇살 덕분에 몸에 온기가 돌아온 것이다.
그리고 낮은 목소리로 말하기도 꺼려지는 특별한 의욕도 없는 이 시기에는 굳이 많은 것을 바랄 필요가 없는 것이다.

유혹

너희는 처음 만나는 사이인 것처럼 매년 수줍게 연애를 시작한다.
이전에도 여러 번 사랑을 나눈 사이가 아니라는 것처럼 말이다.

너는 목도리를 걸치고 스웨터와 원피스를 입고 슬리퍼를 신고 해변에 간다.
다리는 훤히 드러낸 채. 어떤 용감한 여자가 온몸을 물속에 담그더니
아무 일도 없었다는 듯 —심지어 몸을 떨지도 않고— 밖으로 나와
수건 위에 드러눕는다. 수영복을 챙겨오지 않은 덕분에 오히려 서로를 탐색할
시간을 더 번 셈이다. 나도 네가 좋지만 우리 하나씩 진도를 나가는 게 어떨까.

어쩌면 유혹의 과정에 있어서 가장 흥미로운 순간은
서로의 손을 잡는 건 익숙하지만 아직 차마 입을 맞추지는
못하는 단계일 것이다. 어쩌면 너희는 봄의 끝자락에 가서야
서로 입을 맞댈 것이다. 오늘은 4월 9일. 너는 부서지는 파도 위를
맨발로 걷고 너의 바다가 언제나 그랬듯 푸른빛을 발하며 변치 않고
그 자리에 있다는 사실에 신들께 감사를 드린다.
바다는 추운 계절이 지나는 동안 충실히 너를 기다렸고
곧 너의 몸과 영혼이 자신의 것이 되리라는 것을 안다.

시간은 짧고 낯선 춤을 추며 흘러가지만
네 친구 바다는 질리지도 않고 너를 사랑한다.

삶의 조각들이 딱딱 들어맞을 때

지금 아이는 장미를 그리고 너는 글을 쓴다. 너는 아이와 함께 방금 전에
해변에 갔다 왔다. 아이는 머리부터 발끝까지 온몸이 젖었고 너는 다리만
살짝 물에 적셨다. 4월에 너와 바다와의 연애는 천천히 진행된다.
너는 아이와 함께 마요르 거리에도 갔었다. 아이에게 고학년 어린이용 책과
귀여운 녹색 도깨비 인형을 사주었다.

얼마 후면 아이는 더 이상 인형을 사달라고 하지도 않을 것이고
엄마랑 둘이서만 있으니 옆에서 자도 되냐고 조르지도 않을 것이다.
얼마 후면 아이의 영롱한 두 눈은 네가 멀리서 오는 것을 보고도
미소 짓지 않을 것이다. 더 지나면 아이는 학교나 합창단이나
축구 클럽에 데리러 갈 때 매번 그러는 것처럼 너를 껴안지도 않을 것이다.

하지만 너를 가장 마음 아프게 하는 것은, 나중에 그리워할 것을 알고 살짝
울컥하는 마음마저 드는 것은, 함께 거리를 걸을 때 아이가 더 이상 너의 손을
잡지 않으리라는 것이다. 아이와 손을 잡고 걸으면 힘과 용기와 온기가 전해진다.
너는 네가 아이를 세상의 풍파로부터 보호하는 방패임을 느낀다.

아이와 네가 손을 잡는 순간에 단어를 빛나게 하는 시처럼 시간과 공간이
딱딱 들어맞는다. 삶의 조각이 하나도 남김없이 딱딱 들어맞고,
용이 두 사람에게 키스를 퍼붓고, 두려움을 몰아내는 데 달리 필요한 게 없다.

아이와 네가 손을 잡으면 세상의 모든 괴물은
귀여운 도깨비 인형으로 변한다.

네가 있어야 할 곳

나중에 커서 네가 책을 쓰면 동생은 그 책들을 팔 거라고 했다. 이렇게 미래의 가족 계획을 세운 다음에 너는 동생과 다시 복도에서 공놀이를 하고 놀았다. 너와 동생은 아직 열 살이 채 되기 전이었고 되새김질을 하듯 하루하루를 음미했다. 성인의 삶은 먼 나라의 이야기처럼 보였다.

네가 서점에 들어가는 것보다 더 좋아하는 게 하나 있다. 그건 바로 서점에 머무는 것이다. 적어도 한 권의 책이 네게 윙크를 보낼 것이며 너는 그 책을 살 것을 아는 상태로 서점의 책상과 책장들 사이를 차분히 돌아다니는 것. 아마 디스코텍에 가는 것도 이와 비슷할 테지만 -사실 너는 평생 디스코텍에 가본 적도 없고 춤이라고는 책에서 읽은 게 전부다- 서점에서는 외롭게 나오지 않으리라는 확신이 있다. 행간을 통해서 작업을 걸다가 우리 한 번 만나보자고 하는 책이 꼭 있으니까.

서점은 세상에 존재할 수 있는 모든 은신처를 모아놓은 곳이나 다름없다. 어떤 곳은 불쑥 너를 맞이하고, 어떤 곳은 너의 포근한 집이 된다. 어떤 곳은 슬쩍 둘러보면 네가 있을 곳이 아니라는 것을 알 수 있다. 네 안에 있는 조난자를 구출하러 오는 곳도 있고, 그 조난자를 더욱 깊숙한 곳으로 밀어 넣는 곳도 있다. 어떤 곳은 너로 하여금 날개달린 말을 믿게 만들고, 어떤 곳은 네게 더 큰 슬픔을 안겨준다. 볼에다 키스를 하다가 갑자기 뺨을 때리는 곳도 있다.

동생은 결국 다른 길을 택했다. 너는 어릴 때 꿈꾸었던 것만큼 많은 책을 쓰지는 못했다. 동생은 너와 약속했던 것처럼 서점 주인이 되지는 않았지만 몇 번의 생이 지난 후에도 서점을 찾아가면 네가 그 안에 있는 모습을 발견할 수 있을 것이다.

삶을 사랑했던 곳

사람들은 언제나 삶을 사랑했던 예전의 장소로 돌아간다. 어쩌면 그것은 처음 그곳에 갔을 때의 자신의 모습을 다시 찾고 싶다는 불가능한 욕망 때문일 수도 있다. 네가 할아버지가 사시던 섬과 부모님으로부터 독립했을 때 너를 보듬어주었던 도시로 항상 돌아가는 것은 바로 그런 이유 때문이리라.

너는 마요르카의 해변에서 한 번도 해수욕을 즐긴 적이 없다. 비행기를 타고 이비사 섬에 가본 적도 없다. 포르멘테라 섬에 가면 아마 굉장히 좋아할 것이다. 하지만 너는 너의 어머니의 아버지가 사시는 메노르카 섬의 도시 산 클리멘에서 걸음마를 떼었고 샌들이 수십 켤레 해질 때까지 그 섬을 돌아다닐 것이다. 그곳이 아닌 다른 섬에 있는 너의 모습은 상상하기 어렵다.

하지만 드넓은 바다 건너 두 개의 강 사이에 있는 섬 맨해튼은 예외다.
스물세 살에서 스물다섯 살까지 너는 그곳에 살았다.
30대와 40대 때에는 비행기를 탈 때마다 매번 뉴욕에 내리곤 했다.

사람들은 언제나 예전에 삶을 사랑했던 장소로 돌아가고 과거에 사랑했던 것들이 이제 그곳에 없다는 것을 깨닫는다. 노래는 과거로 돌아가는 행위를 이상화해선 안 된다고 우리를 깨우쳐 준다. 시간은 모든 것을 불태우고 똑같은 장소로 돌아가는 일은 결코 있을 수 없다. 하지만 과거에 대한 향수에는 이성으로 도무지 이해가 가지 않는 이유가 있다. 그리움을 논리로 설명할 수는 없는 법이다.

그리고 불현듯 너는 이 5월의 일요일에 하나의 깨달음을 얻는다.
네가 찾고자 애쓰는 것은 삶을 사랑했던 곳에 다시 돌아가는 행복이 아니라
여전히 살아있음을 느끼는 행운이라는 것을.

eva piquer

에바 피큐어(에바 피케르)

1969년에 바르셀로나에서 태어났다. 온라인 문화 매거진 〈Catorze〉를 운영하고 있다. '읽다', '쓰다', '수영하다'라는 동사를 가장 좋아한다. 몇 권의 책을 썼고 수천 권의 책을 읽었다. 내 글에 삽화를 그리고 싶다는 에바 아르미센의 제안은 아직도 과분하게 느껴지는 선물과도 같은 일이었다.

에바 알머슨(에바 아르미센)

1969년에 사라고사에서 태어났고 바르셀로나에서 미술을 공부했다. 거의 매일 그림을 그린다. 마음이 끌리는 게 있으면 주저 없이 같이 작업을 하자고 제안한다. 에바 피케르의 글에 반해서 2년 동안 그녀와 함께 도피를 즐겼다. 행운이었다.

행복을 그리는 작가로 불리는 그녀는 작품들로 예술을 통해 작은 일상을 특별한 순간으로 탈바꿈한다. 솔직하고 천진난만한 시선, 유쾌하고 사랑스러운 화풍으로 일상을 그려내 감동과 치유를 선사하며 한국에서도 많은 팬을 보유하고 있다. 2017년에는 영화 〈물숨〉의 감독 고희영이 쓴 해녀를 주제로 한 동화책 '엄마는 해녀입니다'에 삽화를 그리기도 했다.

이 책은 2018년 6월 Esplugues de Llobregat, 2019년 3월 Seoul에서 즐겁게 만들어졌습니다.

Lluís Llach의 노래에서 당신의 영혼을 발견할 수 있습니다.

"당신을 위한 카네이션이에요.

당신의 마음에 고통이 있고 눈에 슬픔이 있으니

짐을 챙겨서 배를 타러 가라고 하더군요."

옮긴이 박세형

1981년에 홍성에서 태어났다. 대학에서 스페인·중남미 문학을 전공했다.
로베르토 볼라뇨의 〈전화〉, 〈아이스링크〉, 〈악의 비밀〉 등의 책을 번역했다.

Evasions_행복을 찾아서

초판 1쇄 발행 2019년 3월 25일
초판 3쇄 발행 2024년 5월 27일

지은이 | 에바 피규어
그　림 | 에바 알머슨
옮긴이 | 박세형

발행인 | 정란기
편　집 | 김혜린, 정나겸
디자인 | 딕션비 이보아
인　쇄 | 갑우문화사

펴낸곳 | 본북스
출판등록 | 2015년 9월9일(제2016-000208호)
홈페이지 | www.buonbooks.co.kr
인스타그램 | Buon_books
유튜브 | Buonbooks
블로그 | http://blog.naver/italiabook
전자우편 | italiabook@naver.com

ISBN 979-11-87401-21-6 07870

* 잘못된 책은 구입한 서점에서 교환해 드립니다
* 책값은 뒤표지에 있습니다.